Sagrada Família

Novena

Pe. Paulo Saraiva

Sagrada Família

Novena

Paulinas

Citações bíblicas: Bíblia Sagrada – tradução da CNBB, 2ª ed., 2002.
Editora responsável: Celina H. Weschenfelder
Equipe Editorial

7ª edição – 2011
7ª reimpressão – 2025

Nenhuma parte desta obra poderá ser reproduzida ou transmitida por qualquer forma e/ou quaisquer meios (eletrônico ou mecânico, incluindo fotocópia e gravação) ou arquivada em qualquer sistema ou banco de dados sem permissão escrita da Editora. Direitos reservados.

Cadastre-se e receba nossas informações
paulinas.com.br
Telemarketing e SAC: 0800-7010081

Paulinas

Rua Dona Inácia Uchoa, 62
04110-020 – São Paulo – SP (Brasil)
📞 (11) 2125-3500
✉ editora@paulinas.com.br

© Pia Sociedade Filhas de São Paulo – São Paulo, 2002

Introdução

A devoção à Sagrada Família alcançou grande popularidade no século XVII, propagando-se rapidamente não só na Europa, mas também nos países da América.

A festa, instituída pelo Papa Leão XIII, em 1883, foi estendida pelo Papa Bento XV a toda a Igreja.

O papa Leão XIII nos diz: "Os pais de família têm em São José um modelo admirável de vigilância e solicitude paterna; as mães podem admirar na Virgem Santíssima um exemplo insigne de amor, de respeito e de submissão; os filhos têm em Jesus, submisso a seus pais, um exemplo divino de obediência", o que, traduzido para os dias de hoje, nos aponta que devemos viver pregando o amor e o respeito em nossas famílias.

Que esta novena nos ajude a construir um ambiente de paz em nossas casas e no mundo.

PRIMEIRO DIA

Sagrada Família:
exemplo de amor

Em nome do Pai, do Filho e do Espírito Santo. Amém.

Oração inicial

Ó Deus, Pai e Criador de todas as coisas, que preparastes para vosso Filho e Senhor nosso uma família que lhe fosse digna, concedei-nos, pelos méritos desta novena que vamos rezar, os dons necessários para minha família e eu vivermos na paz e no amor. Jesus Cristo, ensinai-me a, como vós, construir uma família feliz. Espírito Santo Paráclito, infundi em mim o dom da compreensão, para conviver em união com os que me destes. Vós que sois um só Deus, eterno e santo. Amém!

Reflexão

Ao entrarmos na casa de Nazaré, encontramos uma família muito unida. Jesus, Maria e José sabiam que o amor que os unia vinha de Deus. José, na carpintaria, deixava transparecer todo a dedicação à sua família no trabalho que desempenhava, construindo objetos primorosos. Maria solidificava um lar feliz, sabendo que a harmonia da família passava por suas mãos no pão que preparava e no carinho que dedicava a Jesus e José. O Menino Jesus, entre a carpintaria e sua casa, aprendia a amar com a dedicação de seus pais. Esse amor foi forjado nas dificuldades e na confiança em Deus. Quantos obstáculos foram ultrapassados, quantas situações foram vencidas, porque entre os três reinava o pleno amor divino, pois Deus fazia parte dessa família.

Oração final

Sagrada Família, exemplo de amor, concedei à minha família o dom do divino amor, amor mútuo e verdadeiro, amor do coração do próprio Deus, livrando-nos de toda divisão. Amém.

Pai-Nosso, Ave-Maria, Glória-ao-Pai... Jesus, Maria e José, aumentai a nossa fé. Sagrada Família, rogai por nós!

SEGUNDO DIA

Sagrada Família: exemplo de fé

Em nome do Pai, do Filho e do Espírito Santo. Amém.

Oração inicial

Ó Deus, Pai e Criador de todas as coisas, que preparastes para vosso Filho e Senhor nosso uma família que lhe fosse digna, concedei-nos, pelos méritos desta novena que vamos rezar, os dons necessários para minha família e eu vivermos na paz e no amor. Jesus Cristo, ensinai-me a, como vós, construir uma família feliz. Espírito Santo Paráclito, infundi em mim o dom da compreensão, para conviver em união com os que me destes. Vós que sois um só Deus, eterno e santo. Amém!

Reflexão

Maria teve fé no anjo Gabriel, que lhe trouxera a Palavra de Deus, comunicando-lhe que seria a mãe do Salvador. José viveu uma experiência de fé ao ouvir de um anjo, em sonho, o que deveria fazer. Ambos foram com o Menino Jesus ao Templo e ouviram as promessas que Deus anunciara a Simeão e a Ana. Esta família viveu uma fé sincera e confiante em Deus, em todos os momentos e em todas as circunstâncias.

Oração final

Sagrada Família, exemplo de fé, ensinai-me a viver a experiência da fé verdadeira e confiante, que abre a minha vida à ação de Deus. Amém.

Pai-Nosso, Ave-Maria, Glória-ao-Pai... Jesus, Maria e José, aumentai a nossa fé. Sagrada Família, rogai por nós!

TERCEIRO DIA

Sagrada Família:
exemplo de confiança

Em nome do Pai, do Filho e do Espírito Santo. Amém.

Oração inicial

Ó Deus, Pai e Criador de todas as coisas, que preparastes para vosso Filho e Senhor nosso uma família que lhe fosse digna, concedei-nos, pelos méritos desta novena que vamos rezar, os dons necessários para minha família e eu vivermos na paz e no amor. Jesus Cristo, ensinai-me a, como vós, construir uma família feliz. Espírito Santo Paráclito, infundi em mim o dom da compreensão, para conviver em união com os que me destes. Vós que sois um só Deus, eterno e santo. Amém!

Reflexão

Confiando em Deus, Maria disse sim ao Senhor e José a aceitou como esposa. Confiando em Deus, ambos foram de Nazaré a Belém, acolheram com alegria Jesus na manjedoura, fugiram para o Egito e retornaram a Nazaré. Confiando em Deus, Jesus, Maria e José seguiram para Jerusalém, perderam-se e reencontraram-se.

Confiar em Deus não é apenas acreditar, mas agir e caminhar na força dessa fé.

Oração final

Sagrada Família, exemplo de confiança, ajudai-nos a vencer o medo e a confiar em Deus, que age em nossa vida, protegendo-nos do mal. Amém.

Pai-Nosso, Ave-Maria, Glória-ao-Pai... Jesus, Maria e José, aumentai a nossa fé. Sagrada Família, rogai por nós!

QUARTO DIA

Sagrada Família:
exemplo de simplicidade

Em nome do Pai, do Filho e do Espírito Santo. Amém.

Oração inicial

Ó Deus, Pai e Criador de todas as coisas, que preparastes para vosso Filho e Senhor nosso uma família que lhe fosse digna, concedei-nos, pelos méritos desta novena que vamos rezar, os dons necessários para minha família e eu vivermos na paz e no amor. Jesus Cristo, ensinai-me a, como vós, construir uma família feliz. Espírito Santo Paráclito, infundi em mim o dom da compreensão, para conviver em união com os que me destes. Vós que sois um só Deus, eterno e santo. Amém!

Reflexão

O Rei dos reis e Senhor dos senhores nasceu na simplicidade. Modestos também eram a vida e os hábitos da Sagrada Família. Podemos dizer que José, Maria e Jesus viviam, trabalhavam, oravam e eram muito felizes em sua simplicidade. Tiveram a alegria de não conhecer as complicações da vida moderna e, na humilde casa de Nazaré, José e Maria formaram o Salvador da humanidade.

Oração final

Sagrada Família, exemplo de simplicidade, ajudai-nos a descobrir nas coisas simples as maravilhas que existem em nossa vida. Amém.

Pai-Nosso, Ave-Maria, Glória-ao-Pai... Jesus, Maria e José, aumentai a nossa fé. Sagrada Família, rogai por nós!

QUINTO DIA

Sagrada Família:
exemplo de virtude

Em nome do Pai, do Filho e do Espírito Santo. Amém.

Oração inicial

Ó Deus, Pai e Criador de todas as coisas, que preparastes para vosso Filho e Senhor nosso uma família que lhe fosse digna, concedei-nos, pelos méritos desta novena que vamos rezar, os dons necessários para minha família e eu vivermos na paz e no amor. Jesus Cristo, ensinai-me a, como vós, construir uma família feliz. Espírito Santo Paráclito, infundi em mim o dom da compreensão, para conviver em união com os que me destes. Vós que sois um só Deus, eterno e santo. Amém!

Reflexão

Maria de Nazaré era a Virgem. José, o carpinteiro, era o Justo. Jesus, nesta família, crescia em sabedoria, estatura e graça diante de Deus e dos homens (cf. Lc 2,52). Por isso, podemos hoje olhar essa família e chamá-la de Sagrada ou Santa. Que alegria sentiam Jesus, Maria e José ao olharem sua família, que trilhava no caminho da santidade.

Oração final

Sagrada Família, exemplo de virtude, ajudai-nos a viver a alegria de estarmos no caminho da santidade e do bem. Amém.

Pai-Nosso, Ave-Maria, Glória-ao-Pai... Jesus, Maria e José, aumentai a nossa fé. Sagrada Família, rogai por nós!

SEXTO DIA

Sagrada Família: exemplo de disponibilidade

Em nome do Pai, do Filho e do Espírito Santo. Amém.

Oração inicial

Ó Deus, Pai e Criador de todas as coisas, que preparastes para vosso Filho e Senhor nosso uma família que lhe fosse digna, concedei-nos, pelos méritos desta novena que vamos rezar, os dons necessários para minha família e eu vivermos na paz e no amor. Jesus Cristo, ensinai-me a, como vós, construir uma família feliz. Espírito Santo Paráclito, infundi em mim o dom da compreensão, para conviver em união com os que me destes. Vós que sois um só Deus, eterno e santo. Amém!

Reflexão

Com que tranquilidade o bom Deus pôde confiar missão tão importante à família de Nazaré! Com o sim de Maria e a obediência de José, Jesus teve um lar em que a disponibilidade ao serviço do Senhor e dos irmãos era a regra. Jesus realizou sua primeira missão ainda no ventre de sua mãe, quando Nossa Senhora, momentos após o anúncio do anjo, foi servir Isabel.

Oração final

Sagrada Família, exemplo de disponibilidade, inspirai, por vosso exemplo, o espírito de serviço em minha família. Que possamos ajudar-nos mutuamente e auxiliar nossos irmãos mais necessitados. Amém.

Pai-Nosso, Ave-Maria, Glória-ao-Pai... Jesus, Maria e José, aumentai a nossa fé. Sagrada Família, rogai por nós!

SÉTIMO DIA

Sagrada Família: exemplo de alegria

Em nome do Pai, do Filho e do Espírito Santo. Amém.

Oração inicial

Ó Deus, Pai e Criador de todas as coisas, que preparastes para vosso Filho e Senhor nosso uma família que lhe fosse digna, concedei-nos, pelos méritos desta novena que vamos rezar, os dons necessários para minha família e eu vivermos na paz e no amor. Jesus Cristo, ensinai-me a, como vós, construir uma família feliz. Espírito Santo Paráclito, infundi em mim o dom da compreensão, para conviver em união com os que me destes. Vós que sois um só Deus, eterno e santo. Amém!

Reflexão

A alegria forma os santos. Só podemos imaginar o lar de Nazaré como um lar alegre e feliz. Vivendo na simplicidade e tendo como única meta ser fiel a Deus, que outro sentimento poderia imperar em tal família? Confiando plenamente em Deus, Jesus, Maria e José estavam distantes da angústia causada pelas incertezas. Sentindo-se uma comunidade reunida em torno do amor, podiam alegrar-se em sua confiança em Deus.

Oração final

Sagrada Família, exemplo de alegria, auxiliai-nos a descobrir que somos felizes por sermos somente filhos de Deus. Afastai-nos da tentação de só valorizar os fatos tristes e esquecermos o amor de Deus para conosco. Amém.

Pai-Nosso, Ave-Maria, Glória-ao-Pai... Jesus, Maria e José, aumentai a nossa fé. Sagrada Família, rogai por nós!

OITAVO DIA

Sagrada Família:
exemplo de oração

Em nome do Pai, do Filho e do Espírito Santo. Amém.

Oração inicial

Ó Deus, Pai e Criador de todas as coisas, que preparastes para vosso Filho e Senhor nosso uma família que lhe fosse digna, concedei-nos, pelos méritos desta novena que vamos rezar, os dons necessários para minha família e eu vivermos na paz e no amor. Jesus Cristo, ensinai-me a, como vós, construir uma família feliz. Espírito Santo Paráclito, infundi em mim o dom da compreensão, para conviver em união com os que me destes. Vós que sois um só Deus, eterno e santo. Amém!

Reflexão

Onde, senão na Sagrada Família, Jesus aprendeu a orar tanto e tão bem? Vemos Jesus, em muitos momentos de sua vida pública, dedicar-se à oração, mesmo sozinho ou em comunidade. Aprendera dos pais da terra a estar com o Pai do céu. Podemos até imaginar Maria dizendo: "Deus é teu Pai, fala com ele, Filho!".

Oração final

Sagrada Família, exemplo de oração, abri nosso coração ao diálogo com Deus. Ensinai-nos que se não falamos com Deus, não falamos também com ninguém, e dai-nos o dom de saber orar como Jesus. Amém.

Pai-Nosso, Ave-Maria, Glória-ao-Pai... Jesus, Maria e José, aumentai a nossa fé. Sagrada Família, rogai por nós!

NONO DIA

Sagrada Família:
exemplo de união

Em nome do Pai, do Filho e do Espírito Santo. Amém.

Oração inicial

Ó Deus, Pai e Criador de todas as coisas, que preparastes para vosso Filho e Senhor nosso uma família que lhe fosse digna, concedei-nos, pelos méritos desta novena que vamos rezar, os dons necessários para minha família e eu vivermos na paz e no amor. Jesus Cristo, ensinai-me a, como vós, construir uma família feliz. Espírito Santo Paráclito, infundi em mim o dom da compreensão, para conviver em união com os que me destes. Vós que sois um só Deus, eterno e santo. Amém!

Reflexão

"Filho, teu pai e eu estávamos, angustiados, à tua procura!", diz a Virgem Mãe ao encontrar Jesus no Templo de Jerusalém (cf. Lc 2,48). Estas palavras resumem bem o espírito de união que reinava na Sagrada Família de Nazaré. Para onde iam, iam juntos, desde o exílio no Egito até a Páscoa em Jerusalém. Unidos pelos laços de amor, de fé e de esperança em Deus.

Oração final

Sagrada Família, exemplo de união, concedei este dom à minha família, às vezes tão dividida por tantas circunstâncias. Afastai-nos do poder daquele que divide e guardai-nos unidos para a vinda do Reino de Deus. Amém

Pai-Nosso, Ave-Maria, Glória-ao-Pai... Jesus, Maria e José, aumentai a nossa fé. Sagrada Família, rogai por nós!

CANTOS

Oração pela família

Pe. Zezinho, scj
(CD 06513-7 – Paulinas/COMEP)

Que nenhuma família comece em qualquer de repente
Que nenhuma família termine por falta de amor
Que o casal seja um para o outro de corpo e de mente
E que nada no mundo separe um casal sonhador.

Que nenhuma família se abrigue debaixo da ponte
Que ninguém interfira no lar e na vida dos dois
Que ninguém os obrigue a viver sem nenhum horizonte
Que eles vivam do ontem, no hoje e em função de um depois.

Que a família comece e termine sabendo onde vai
E que o homem carregue nos ombros a graça de um pai
Que a mulher seja um céu de ternura, aconchego e calor
E que os filhos conheçam a força que brota do amor.
Abençoa, Senhor, as famílias. Amém.
Abençoa, Senhor, a minha também!

Que marido e mulher tenham força de amar sem medida
Que ninguém vá dormir sem pedir ou sem dar seu perdão
Que as crianças aprendam no colo o sentido da vida
Que a família celebre a partilha do abraço e do pão.

Que marido e mulher não se traiam nem traiam seus filhos
Que o ciúme não mate a certeza do amor entre os dois
Que no seu firmamento a estrela que tem maior brilho
Seja a firme esperança de um céu aqui mesmo e depois.

Famílias do Brasil

Pe. Zezinho, scj
(CD 12047-2 – Paulinas/COMEP)

Um lar aonde os pais inda se amam
e os filhos inda vivem como irmãos
e, venha quem vier, encontra abrigo
e todos têm direito ao mesmo pão.

Onde todos são por um e um por todos,
onde a paz criou raízes e floriu,
um lar assim feliz
seja o sonho das famílias do Brasil!

Os filhos qual rebentos de oliveira,
alegrem o caminho de seus pais
e façam a família brasileira
achar seu amanhã na mesma paz!

Que os jovens corações enamorados,
humildes e aprendendo o verbo amar,
não deixem de sonhar extasiados,
que um dia também eles vão chegar!

Que aqueles que se sentem bem casados
deu certo seu amor, o amor valeu,
não vivam como dois alienados:
partilhem esta paz que Deus lhes deu!

NOSSAS DEVOÇÕES
(Origem das novenas)

De onde vem a prática católica das novenas? Entre outras, podemos dar duas respostas: uma histórica, outra alegórica.

Historicamente, na Bíblia, no início do livro dos Atos dos Apóstolos, lê-se que, passados quarenta dias de sua morte na Cruz e de sua ressurreição, Jesus subiu aos céus, prometendo aos discípulos que enviaria o Espírito Santo, que lhes foi comunicado no dia de Pentecostes.

Entre a ascensão de Jesus ao céu e a descida do Espírito Santo, passaram-se nove dias. A comunidade cristã ficou reunida em torno de Maria, de algumas mulheres e dos apóstolos. Foi a primeira novena cristã. Hoje, ainda a repetimos todos os anos, orando, de modo especial, pela unidade dos cristãos. É o padrão de todas as outras novenas.

A novena é uma série de nove dias seguidos em que louvamos a Deus por suas maravilhas, em particular, pelos santos, por cuja intercessão nos são distribuídos tantos dons.

Alegoricamente, a novena é antes de tudo um ato de louvor ao Pai, ao Filho e ao Espírito Santo, Deus três vezes Santo. Três é número perfeito. Três vezes três, nove. A novena é louvor perfeito à Trindade. A prática de nove dias de oração, louvor e súplica confirma de maneira extraordinária nossa fé em Deus que nos salva, por intermédio de Jesus, de Maria e dos santos.

O Concílio Vaticano II afirma: "Assim como a comunhão cristã entre os que caminham na terra nos aproxima mais de Cristo, também o convívio com os santos nos une a Cristo, fonte e cabeça de que provêm todas as graças e a própria vida do povo de Deus" (*Lumen Gentium*, 50).

Nossas Devoções procura alimentar o convívio com Jesus, Maria e os santos, para nos tornarmos cada dia mais próximos de Cristo, que nos enriquece com os dons do Espírito e com todas as graças de que necessitamos.

Francisco Catão

Coleção Nossas Devoções

- *Dulce dos Pobres: novena e biografia* – Marina Mendonça
- *Francisco de Paula Victor: história e novena* – Aparecida Matilde Alves
- *Frei Galvão: novena e história* – Pe. Paulo Saraiva
- *Imaculada Conceição* – Francisco Catão
- *Jesus, Senhor da vida: dezoito orações de cura* – Francisco Catão
- *João Paulo II: novena, história e orações* – Aparecida Matilde Alves
- *João XXIII: biografia e novena* – Marina Mendonça
- *Maria, Mãe de Jesus e Mãe da Humanidade: novena e coroação de Nossa Senhora* – Aparecida Matilde Alves
- *Menino Jesus de Praga: história e novena* – Giovanni Marques Santos
- *Nhá Chica: Bem-aventurada Francisca de Paula de Jesus* – Aparecida Matilde Alves
- *Nossa Senhora Aparecida: história e novena* – Maria Belém
- *Nossa Senhora da Cabeça: história e novena* – Mario Basacchi
- *Nossa Senhora da Luz: novena e história* – Maria Belém
- *Nossa Senhora da Penha: novena e história* – Maria Belém
- *Nossa Senhora da Salete: história e novena* – Aparecida Matilde Alves
- *Nossa Senhora das Graças ou Medalha Milagrosa: novena e origem da devoção* – Mario Basacchi
- *Nossa Senhora de Caravaggio: história e novena* – Leomar A. Brustolin e Volmir Comparin
- *Nossa Senhora de Fátima: novena* – Tarcila Tommasi
- *Nossa Senhora de Guadalupe: novena e história das aparições a São Juan Diego* – Maria Belém
- *Nossa Senhora de Nazaré: novena e história* – Maria Belém
- *Nossa Senhora Desatadora dos Nós: história e novena* – Frei Zeca
- *Nossa Senhora do Bom Parto: novena e reflexões bíblicas* – Mario Basacchi
- *Nossa Senhora do Carmo: novena e história* – Maria Belém
- *Nossa Senhora do Desterro: história e novena* – Celina Helena Weschenfelder
- *Nossa Senhora do Perpétuo Socorro: história e novena* – Mario Basacchi
- *Nossa Senhora Rainha da Paz: história e novena* – Celina Helena Weschenfelder
- *Novena à Divina Misericórdia* – Tarcila Tommasi

- *Novena das Rosas: história e novena de Santa Teresinha do Menino Jesus* – Aparecida Matilde Alves
- *Novena em honra ao Senhor Bom Jesus* – José Ricardo Zonta
- *Ofício da Imaculada Conceição: orações, hinos e reflexões* – Cristóvão Dworak
- *Orações do cristão: preces diárias* – Celina Helena Weschenfelder
- *Os Anjos de Deus: novena* – Francisco Catão
- *Padre Pio: novena e história* – Maria Belém
- *Paulo, homem de Deus: novena de São Paulo Apóstolo* – Francisco Catão
- *Reunidos pela força do Espírito Santo: novena de Pentecostes* – Tarcila Tommasi
- *Rosário dos enfermos* – Aparecida Matilde Alves
- *Rosário por uma transformação espiritual e psicológica* – Gustavo E. Jamut
- *Sagrada Face: história, novena e devocionário* – Giovanni Marques Santos
- *Sagrada Família: novena* – Pe. Paulo Saraiva
- *Sant'Ana: novena e história* – Maria Belém
- *Santa Cecília: novena e história* – Frei Zeca
- *Santa Edwiges: novena e biografia* – J. Alves
- *Santa Filomena: história e novena* – Mario Basacchi
- *Santa Gemma Galgani: história e novena* – José Ricardo Zonta
- *Santa Joana d'Arc: novena e biografia* – Francisco de Castro
- *Santa Luzia: novena e biografia* – J. Alves
- *Santa Maria Goretti: história e novena* – José Ricardo Zonta
- *Santa Paulina: novena e biografia* – J. Alves
- *Santa Rita de Cássia: novena e biografia* – J. Alves
- *Santa Teresa de Calcutá: biografia e novena* – Celina Helena Weschenfelder
- *Santa Teresinha do Menino: novena e biografia* – Jesus Mario Basacchi
- *Santo Afonso de Ligório: novena e biografia* – Mario Basacchi
- *Santo Antônio: novena, trezena e responsório* – Mario Basacchi
- *Santo Expedito: novena e dados biográficos* – Francisco Catão
- *Santo Onofre: história e novena* – Tarcila Tommasi
- *São Benedito: novena e biografia* – J. Alves

- *São Bento: história e novena* – Francisco Catão
- *São Brás: história e novena* – Celina Helena Weschenfelder
- *São Cosme e São Damião: biografia e novena* – Mario Basacchi
- *São Cristóvão: história e novena* – Mário José Neto
- *São Francisco de Assis: novena e biografia* – Mario Basacchi
- *São Francisco Xavier: novena e biografia* – Gabriel Guarnieri
- *São Geraldo Majela: novena e biografia* – J. Alves
- *São Guido Maria Conforti: novena e biografia* – Gabriel Guarnieri
- *São José: história e novena* – Aparecida Matilde Alves
- *São Judas Tadeu: história e novena* – Maria Belém
- *São Marcelino Champagnat: novena e biografia* – Ir. Egídio Luiz Setti
- *São Miguel Arcanjo: novena* – Francisco Catão
- *São Pedro, Apóstolo: novena e biografia* – Maria Belém
- *São Peregrino Laziosi* – Tarcila Tommasi
- *São Roque: novena e biografia* – Roseane Gomes Barbosa
- *São Sebastião: novena e biografia* – Mario Basacchi
- *São Tarcísio: novena e biografia* – Frei Zeca
- *São Vito, mártir: história e novena* – Mario Basacchi
- *Senhora da Piedade: setenário das dores de Maria* – Aparecida Matilde Alves
- *Tiago Alberione: novena e biografia* – Maria Belém